L'ANTICHRISTIANISME.

Ouvrages de Monseigneur l'évêque de Sura :

Essai sur le panthéisme dans les sociétés modernes, 3e édit., 1 vol. in-8°.

Théodicée chrétienne, 2e édit., 1 vol. in-8°.

Dignité de la raison humaine et nécessité de la révélation divine, 1 vol. in-8°.

Défense de ce livre : une lettre à NN. SS. les évêques de France; deux lettres à MM. les professeurs de Louvain, in-8°.

Examen du livre de la religion naturelle, de M. Jules Simon, in-8°.

Discours sur l'œuvre des théologues au dix-neuvième siècle, in-8°.

Discours sur la situation de l'Église, in-4°.

Ces ouvrages se trouvent chez Jouby, rue des Grands-Augustins, 7, et chez Douniol, rue de Tournon, 29.

Paris, Jules Delalain, Imprimeur de l'Université.

L'ANTICHRISTIANISME

DISCOURS

PRONONCÉ DANS L'ÉGLISE MÉTROPOLITAINE DE PARIS

PENDANT L'OCTAVE DE LA DÉDICACE DE CETTE BASILIQUE

LE 4 JUIN 1864

PAR Mgr L'ÉVÊQUE DE SURA

CHANOINE-ÉVÊQUE DE SAINT-DENIS

DOYEN DE LA FACULTÉ DE THÉOLOGIE DE PARIS.

PARIS.

DOUNIOL
LIBRAIRE
Rue de Tournon, 29.

JOUBY
LIBRAIRE
Rue des Grands-Augustins, 7.

1864.

L'ANTICHRISTIANISME.

Sine me nihil potestis facere. (JOAN., XV, 5.)
Sans moi vous ne pouvez rien faire.

MONSEIGNEUR[1],

Nos églises sont les monuments visibles de notre foi en Notre-Seigneur Jésus-Christ, en sa doctrine, en sa présence, en sa médiation, en sa divinité.

La consécration solennelle de ces monuments atteste de la manière la plus frappante et la plus éloquente cette foi et cette adoration.

Et quand cette consécration a pour objet un des plus antiques, des plus vénérables et des plus magnifiques monuments de la foi de nos pères; quand, par cette consécration, ce vieux monument semble se rajeunir, et, comme une tige nouvelle, reverdir sur son vieux tronc, l'acte de foi acquiert un caractère particulier de solennité.

Mais, si cette consécration solennelle, si cet acte de foi solennel se font au milieu d'un mouvement d'opinion hostile à la foi de l'HOMME-DIEU, menaçant pour cette foi; s'ils se font au milieu des négations d'une science égarée qui retentissent dans le centre intellectuel le plus

1. Monseigneur l'archevêque de Paris.

puissant du monde, cet acte de foi est digne de l'attention la plus sérieuse, et ne semble-t-il pas que la Providence veut donner une grande leçon à la grande capitale et à la grande nation ?

Honneur donc au savant et sage pontife que Dieu a placé sur le siége de Paris pour préparer à cette grande église des destinées dignes d'elle et de sa mission ; honneur au pieux prélat qui a saisi avec empressement cette occasion de consoler la foi des fidèles et d'édifier son peuple !

Honneur à l'illustre et vénérable chapitre de cette basilique pour avoir secondé avec tant de zèle les vues du premier pasteur !

Honneur enfin au gouvernement de l'Empereur qui, en réparant les ruines du temps dans cet antique édifice, en lui rendant son pur caractère et, en quelque sorte, sa première jeunesse, a voulu faire un acte de piété chrétienne et de piété nationale !

Appelé par une bienveillance fraternelle à l'honneur de porter la parole dans cette chaire, pendant cette octave solennelle, je me sens pressé, au milieu de cette auguste métropole, pleine de Jésus-Christ, de son amour, de ses bienfaits ; au milieu de cette Église-mère de la grande capitale, où l'antichristianisme a son siége, ses écoles, ses organes, je me sens pressé, dis-je, d'offrir à Notre-Seigneur Jésus-Christ le témoignage de ma foi et de mon amour.

Oui, mes frères, autour de cette basilique, et sous l'ombre de la croix triomphante qui en domine le faîte, Jésus-Christ est nié. Une science qui se croit profonde et exacte conteste tout l'ordre surnaturel, dont Jésus-Christ est à la fois la base, le centre et l'essence.

Ces négations ont mille voix et revêtent mille formes. Vous les rencontrez partout ; vous les respirez avec l'air qui circule dans cette capitale. Jamais elles n'ont eu des apparences plus puissantes. Ni l'arianisme, ni l'islamisme, ni le socinianisme, ni même la conspiration philosophique du dernier siècle n'ont fait courir aux âmes d'aussi grands dangers. Nous traversons la plus redoutable et la plus décisive des crises.

Sans rien dissimuler de la gravité de cette situation, je voudrais aujourd'hui remplir mon devoir de disciple et d'apôtre de Jésus-Christ.

Mon intention n'est pas d'approfondir ici les grandes preuves historiques et morales sur lesquelles repose notre foi. Ces grandes preuves ont trouvé, dans cette chaire, les plus illustres, les plus éloquents interprètes; et il serait bien téméraire de vouloir refaire ce qu'ils ont si bien fait. D'ailleurs un seul discours serait bien insuffisant pour un exposé aussi étendu.

J'ai une autre pensée. Je suppose ce qui ne sera jamais : j'en ai la plus ferme confiance pour l'honneur et le bonheur de ma patrie; je suppose que l'antichristianisme a poursuivi avec succès parmi nous son œuvre de destruction. Je suppose qu'il a fait des progrès dans les esprits, et qu'il est devenu l'opinion dominante. Jésus-Christ n'est plus à ses yeux le Dieu fait homme, le maître et le sauveur de l'humanité. Il n'est qu'un sage, un philosophe moraliste, le plus grand, le meilleur de tous, si l'on veut. Il ne domine l'humanité que par sa grandeur morale. La foule a déserté ses autels. Ses vrais adorateurs ne sont plus qu'une secte obscure et humiliée.

Dans cette situation des esprits, dans cette absence de Jésus-Christ, Homme-Dieu, que deviendrait le monde moral ? que deviendrait l'âme humaine ? Le monde moral serait-il mieux ordonné ? L'âme humaine serait-elle plus éclairée, plus pure, meilleure ? Y aurait-il progrès ou décadence ? L'homme s'élèverait-il aux cieux, ou tomberait-il au fond des abîmes ?

Telle est la question que je pose et que je voudrais résoudre, consultant plutôt mon désir d'être utile que mes forces. Mais je compte sur l'assistance de cet Esprit de vérité qui nous a été promis et mérité par Jésus-Christ. C'est à cet Esprit saint qu'il appartient de nous dévoiler le sens profond des paroles de notre maître : *Sine me nihil potestis facere.*

Implorons ses lumières par l'intercession de notre Mère céleste, la glorieuse et puissante patronne de cette basilique.

PREMIÈRE PARTIE.

L'ordre moral et la dignité de l'âme humaine reposent sur la religion, prise dans son acception la plus étendue, c'est-à-dire comme le grand moyen, le moyen général offert aux hommes pour connaître leur nature, leur destinée, leurs devoirs.

Se demander ce que deviendront l'ordre moral et l'âme humaine sans Jésus-Christ, c'est se demander, en d'autres termes, ce que deviendra la religion sans Jésus-Christ.

L'intervention surnaturelle de Dieu, la révélation écartées ; Jésus-Christ nié, la religion ne peut être qu'un simple produit des facultés humaines, comme la science et l'art.

La question est de savoir si l'homme, laissé à lui-même et à ses seules forces naturelles, peut créer la religion. Et veuillez remarquer qu'il ne peut pas être question ici d'une religion quelconque; mais de la religion digne de Dieu, digne de la raison et de l'âme humaine; de la religion vraie, pure, efficace, parfaite, capable de conduire les hommes à la perfection de leurs fins. C'est la seule qui puisse véritablement intéresser l'humanité.

Cette religion vraie, sainte et efficace devra nécessairement correspondre à toute la nature de l'homme.

Pour réaliser cette essentielle condition de son existence, comme l'homme est une intelligence qui vit de vérité, la religion devra lui enseigner la vraie doctrine touchant la nature de Dieu et la destinée humaine. Elle sera donc un dogme.

La vérité ayant nécessairement des conséquences pratiques, la religion devra manifester et prescrire à l'homme tous ses devoirs. Elle sera donc une morale.

Parmi les devoirs que la morale universelle prescrit à l'homme, il en est qui lui commandent de rendre à Dieu l'honneur ou le culte qui lui sont dus. La religion sera donc un culte.

La vraie religion se compose donc nécessairement de dogme, de morale et de culte.

Et cette vraie religion, ce dogme, cette morale, ce culte, pour rester en harmonie avec la nature humaine, devront nécessairement revêtir le caractère social, public, universel; la vraie religion devra être nécessairement une institution sociale, publique, universelle.

Ne me parlez pas d'une religion purement individuelle; rien ne serait plus faible et plus misérable. La religion alors se confondrait avec les pensées de l'individu; elle serait aussi mobile, aussi contradictoire que ces pensées éphémères qui naissent le matin et qui meurent le soir. D'ailleurs, cette religion individuelle, dépourvue de toute manifestation sociale, n'aurait sur les mœurs publiques qu'une influence insuffisante.

Ne me parlez pas non plus d'une religion locale ou nationale; car la vérité et le bien sont universels : ils sont faits pour tous les hommes; ils sont la loi de tous les hommes.

Rien n'est donc plus évident : la vraie religion, le vrai dogme, la vraie morale, le vrai culte doivent être des institutions sociales, publiques, universelles.

Mais ici se montre un dernier caractère qui achève de nous donner les traits essentiels de la vraie religion. Elle doit être une institution sociale, publique, universelle : nous venons de le voir. Mais elle ne peut le devenir qu'à la condition de l'unité, d'une unité sévère et inaltérable. Son dogme, sa morale et son culte ne peuvent avoir une existence sociale, une efficacité sociale qu'autant qu'ils sont uns, qu'autant qu'ils sont marqués du sceau de l'unité. Que seraient la science, l'art, la politique elle-même, s'ils ne reposaient sur l'unité de leurs principes? La religion, sous ce rapport, ne peut leur être inférieure[1].

Fonder une religion vraie, c'est-à-dire un dogme vrai, une morale vraie, un culte vrai; un dogme public, une morale publique, un culte public : fonder une religion vraie, c'est-à-dire encore créer une unité de dogme, une unité de morale, une unité de culte, voilà la tâche qui incombe aux hommes et aux sociétés qui osent dire à Jésus-Christ : *nolumus hunc regnare super nos;* nous ne voulons plus qu'il règne sur nous. (Luc, 19, 14.)

L'antichristianisme doit nécessairement doter l'humanité d'une religion nouvelle et d'une religion philosophique. Il doit doter l'humanité d'une religion nouvelle, car l'humanité ne peut pas se passer de religion; l'ordre moral et les destinées de l'âme humaine sont attachés à la religion. Il doit doter l'humanité d'une religion philosophique. Car, en dehors de la religion chrétienne, il n'y aurait de possible, si elle l'était, qu'une religion philosophique. Certes ce ne seront pas les audacieux négateurs de l'ordre surnaturel qui auront recours à l'inspiration et aux miracles pour créer la religion nouvelle.

Eh bien! appuyé sur l'invincible nature des choses, et

1. Sur toutes ces conditions de la religion, voir notre livre : *Dignité de la raison humaine et nécessité de la révélation divine,* XVIIe, XVIIIe et XXIIIe leçons.

ne prenant pour guide que la plus rigoureuse logique, nous venons de tracer à l'antichristianisme le programme de sa religion philosophique. Qu'il le remplisse ce programme, qu'il l'exécute à la lettre; car s'il ne le pouvait; s'il était dans l'impuissance absolue de le réaliser, s'efforçant de détruire ce qu'il ne peut remplacer, il serait convaincu d'être l'ennemi du genre humain, le fléau de la terre, et les malédictions de l'humanité vengeresse s'élèveraient contre lui.

Vous niez l'Évangile, vous niez le christianisme, vous niez la révélation, vous niez Jésus-Christ! Mais que mettez-vous à sa place? Comment remplacez-vous ses doctrines, ses institutions, sa présence? Il ne suffit pas de détruire; il faut édifier. Quel édifice construisez-vous pour abriter l'humanité dans son passage terrestre? Quel asile ouvrez-vous à ses besoins, à ses aspirations, à ses douleurs, à ses espérances? Quelle religion, quel dogme, quelle morale, quel culte proposez-vous au monde?

J'entre dans les écoles de l'antichristianisme; j'ouvre ses livres. Le talent et la science n'y manquent pas, j'en conviens. Mais ce n'est pas ce que je cherche. Ce que je lui demande, c'est la vérité religieuse, la nouvelle religion qui doit rallier l'assentiment des hommes.

Que dit donc l'antichristianisme sur le premier objet de tout enseignement religieux? Quelles sont ses doctrines sur Dieu, l'âme, la vie future? Possède-t-il une doctrine commune sur tous ces points fondamentaux? Trouvons-nous, dans ses écoles, l'unité qui est le sceau de la vérité ?

Au lieu d'une doctrine commune, il y en a autant que de maîtres, et même de disciples. Les antichrétiens sont profondément divisés sur tout ce qui intéresse le plus l'âme humaine. Ils proposent au monde les systèmes les plus contradictoires. Parmi eux, nous trouvons des matérialistes, des athées, des panthéistes, des déistes, des théistes, des sceptiques.

Les matérialistes affirment que tout est matière, et que l'âme humaine n'est que la résultante des forces corporelles. Quand les éléments du corps se décomposent, l'âme s'évanouit.

Les athées veulent expliquer le monde sans une cause première, intelligente, sage, bonne, toute-puissante, infinie. Le monde possède par lui-même les forces qui le régissent; et ces forces aveugles et fatales sont la source unique de l'ordre qui éclate dans la création. L'ordre existe donc sans l'intelligence, et l'esprit ne trouve pas plus de place dans ce système que dans le pur matérialisme.

Les panthéistes n'admettent qu'une seule substance. Comme un germe obscur, informe, inconscient, cette substance, à l'origine, est dépouillée de toute qualité, de tout attribut, de toute forme; et cependant ce néant d'existence, par ses transformations successives, devient toutes choses et constitue tous les êtres de l'univers. Cette substance universelle arrive dans l'homme, et dans l'homme seul, à la conscience d'elle-même; elle ne se connaît que dans l'homme et par l'homme. L'homme ainsi est constitué l'organe de la conscience universelle, et en lui l'être obtient son plus haut degré de développement.

Élevé au sommet de l'être, l'homme porte dans sa raison un idéal de vérité, de beauté, de bien, d'infinité, qui est le Dieu du monde. L'homme est donc la conscience de Dieu. Mais ce Dieu n'est qu'un idéal, une abstraction, une pensée de l'homme.

En vérité, il n'y a de réel que le fini et ses phénomènes. Le Dieu réel du monde, c'est donc l'homme doué de conscience.

Tout Dieu qu'il est, l'homme cependant ne nous présente qu'un accident de l'existence universelle. Un moment il apparaît à la surface de cet océan, pour s'abîmer bientôt sans retour dans ses muettes profondeurs[1].

Les déistes sont beaucoup plus sages que les panthéistes, les athées, les matérialistes, qui tous offensent la raison et la conscience humaine dans leurs idées les plus claires, dans leurs sentiments les plus profonds. Les meilleurs d'entre les déistes admettent et démontrent la plupart des vérités naturelles qui concernent l'existence et les attributs de Dieu, la spiritualité et l'immortalité de l'âme. Leur système consiste à soutenir que, dans l'état présent de nos facultés, la religion naturelle est possible, dans son intégrité, à l'homme laissé à lui-même; qu'elle lui suffit et qu'il n'y en a pas d'autre. Sans attendre les conclusions générales de ce discours qui iront directement contre cette thèse, il est de mon devoir d'en attaquer, dès ce moment, la base.

Le grand principe du déisme est que la religion naturelle est parfaitement claire, facile, et facilement accessible à tous les esprits. Ce principe fondamental du déisme se trouve en opposition directe avec les faits qui se produisent au sein même de l'école déistique. Quand les déistes veulent déterminer les dogmes de cette religion naturelle, si claire, si facile, à la portée de tous, ils se di-

1. Voir, sur les trois systèmes que nous venons de mentionner, et en particulier sur le panthéisme, notre *Essai sur le panthéisme,* 3e édition; notre *Théodicée chrétienne,* 2e édition, Ve, VIe, VIIe, VIIIe, IXe, XVIIe et XVIIIe leçons; notre livre : *Dignité de la raison humaine et nécessité de la révélation,* IXe et XXIe leçons.

visent entre eux, et nous avons presque autant de systèmes de religion naturelle que de philosophes déistes. En second lieu, les déistes ne peuvent nier que les vérités naturelles n'ont été conservées, dans leur intégrité et leur totalité, que dans les religions mosaïque et chrétienne. Ils ne peuvent nier que la mesure de la vérité naturelle qu'ils conservent ne se trouve dans la conformité de leur doctrine avec les enseignements du christianisme. Enfin, il est des questions d'origine et de fin, des questions touchant l'origine et la fin de l'homme, sur lesquelles la raison pure est loin de fournir des lumières suffisantes; et cependant ces questions intéressent au plus haut degré la bonne direction de la vie humaine. Il y a donc, dans le système déistique, des lacunes qui accusent son insuffisance[1].

Parmi les déistes, il en est qui veulent donner à leur système de naturalisme une couleur fortement chrétienne. Ils veulent rester chrétiens dans leurs pensées, dans leurs sentiments, en abandonnant tout le surnaturel du christianisme. Ils s'appellent théistes chrétiens. Ce sont des déistes peu conséquents; et tous les inconvénients, tous les dangers du pur déisme retombent sur leur faible doctrine[2].

Enfin, au milieu de ces luttes, de ces contradictions des systèmes, il est des antichrétiens qui prennent le parti de ne rien affirmer, de ne rien nier d'une manière absolue. Ils doutent. Ces sceptiques d'un nouveau genre se croient

1. Voir, sur le déisme, notre livre *Dignité de la raison humaine et nécessité de la révélation divine*, XVIIe, XVIIIe, XIXe, XXe, XXIe, XXIIe et XXIIIe leçons; notre examen du *Livre de la religion naturelle*, par M. J. Simon; notre *Lettre aux évêques de France* pour la défense du livre : *Dignité de la raison*, etc.

2. *De l'avenir du théisme chrétien comme religion*, par F. Pécaut.

les plus sages et les plus forts. Ils sont, en réalité, les plus faibles, puisqu'ils présentent tous les caractères de la paralysie intellectuelle et morale.

Tels sont les enseignements de l'antichristianisme sur Dieu, l'homme, la destinée humaine; tel est son dogme. Vous reconnaîtrez sans peine que ce dogme est un composé étrange, tranchons le mot, monstrueux des éléments les plus disparates, les plus contradictoires, de systèmes mille fois condamnés par la raison et la conscience humaine.

L'antichristianisme sera-t-il plus heureux dans ses travaux pour constituer la morale?

N'en déplaise à certains écrivains intéressés à le nier, la morale est toujours une conséquence du dogme. Elle n'est que l'application pratique des idées qu'on se fait du principe des choses et de la destinée humaine. La morale doit donc changer avec le dogme; et il est impossible logiquement que le matérialisme, l'athéisme, le panthéisme, le déisme et le scepticisme aient la même morale.

Le bon sens public a prononcé, depuis de longs siècles, qu'avec le matérialisme et l'athéisme la morale ne pouvait reposer que sur l'intérêt, et sur l'intérêt privé, juge, en dernier ressort, de l'intérêt public: base fragile et ruineuse, base absolument nulle, incapable de porter la notion et l'autorité du devoir.

La morale du panthéisme s'est développée de nos jours avec une rigueur inconnue à nos pères. Nous savions sans doute qu'avec le principe de l'universelle identité il ne pouvait pas y avoir de différence essentielle entre la vérité et l'erreur, le bien et le mal. Mais enfin ce principe n'avait pas donné ses conséquences extrêmes.

Quelques esprits que rien n'arrête dans leur course

logique les ont mises au jour; et il a été proclamé, dans les termes les plus explicites et les plus clairs, que l'homme, étant Dieu, ne relevait que de lui-même et que l'*égoïsme* était son unique loi [1].

Un autre penseur solitaire a voulu édifier la morale sur le principe de la dignité de l'homme, conçue dans le sens panthéistique [2]. La dignité de l'homme est sublime quand elle se rattache à l'Être souverainement parfait et infini. Alors elle peut devenir un vrai principe moral. Mais quand cette dignité est conçue comme absolue; quand l'homme est déclaré souverain de lui-même et du monde, alors cette fausse et sauvage dignité n'est que la consécration et la divinisation de toutes les aberrations et de toutes les dépravations de l'homme.

Ah! qu'elle est malsaine l'atmosphère des écoles que nous venons de traverser! On respire un air plus pur dans les écoles déistiques. Là on peut rencontrer une morale rationnelle appuyée sur les vrais principes. Il est vrai que cette morale n'est pas toujours complète; qu'elle ne peut pas même l'être, puisque le déisme ne peut donner une solution satisfaisante aux redoutables questions qui se rapportent à l'origine et à la fin de l'homme.

Mais ce n'est pas le seul reproche qu'il faut adresser à sa morale. Elle donne sans doute de beaux préceptes; est-elle capable, par elle seule, de les faire aimer? Ici l'histoire de l'esprit humain nous fournit une réponse irrécusable. Socrate et Platon ont été d'admirables moralistes. Quelle bourgade leur noble doctrine a-t-elle transformée, tandis que la morale de JÉSUS-CHRIST et de

1. Voir notre livre : *Dignité de la raison humaine et nécessité de la révélation divine*, XXIe leçon.

2. M. Proudhon, *De la justice dans la révolution et dans l'Église*.

son Évangile a créé un monde nouveau? Que le déisme produise de pareils effets ; nous croirons alors à l'efficacité de sa morale.

Je ne m'arrête pas à démontrer que le sceptique n'a pas et ne peut pas avoir de morale rationnelle, laquelle suppose des principes certains qui font défaut au scepticisme.

Tel est donc l'antichristianisme sous le rapport moral : dans quelques-unes de ses écoles, dans ses écoles les plus sages, une belle et noble morale, mais incomplète et inefficace; dans ses écoles les plus ardentes, dans ses écoles militantes et qui aspirent à s'emparer de l'avenir, une morale qui n'est que le renversement et la ruine de toute moralité humaine. D'un autre côté, nous savons que le dogme de l'antichristianisme n'est qu'un amas incohérent de doctrines ou insuffisantes, ou perverses et funestes.

Comment, sur de pareilles bases, l'antichristianisme pourrait-il établir un culte? Le culte suppose le dogme et la morale dont il n'est qu'une application. Et, puisque l'antichristianisme n'a aucune unité de dogme, aucune unité de morale, évidemment il ne peut avoir un culte. Aussi l'antichristianisme jusqu'ici n'a-t-il pas tenté de fonder un culte; car je ne tiens pas compte de la ridicule entreprise des théophilanthropes, non plus que des essais mort-nés du saint-simonisme. Cette absence de tout culte arrache des plaintes aux meilleurs des antichrétiens, et ces plaintes ne sont que l'aveu de leur impuissance[1].

L'antichristianisme n'a donc pu jusqu'à nos jours trouver cette unité de dogme, cette unité de morale, cette

1. M. Jules Simon, dans son livre : *De la religion naturelle;* M. Pécaut, *De l'avenir du théisme chrétien*.

unité de culte; ce dogme public, cette morale publique, ce culte public qui sont cependant les conditions essentielles de la religion nouvelle qu'il est tenu de donner au monde. Jusqu'à nos jours, l'antichristianisme n'a rien pu fonder. Il a nié, il nie : il n'a pas su, il ne sait pas affirmer. Il a voulu, il veut détruire : il n'a pas su, il ne sait pas édifier. Uni dans la négation, il est divisé contre lui-même dans l'affirmation. Et de ce combat, de cette mêlée des choses divines et humaines, il ne s'élève qu'une poussière délétère qui obscurcit la lumière du jour et porte le poison et la désolation dans l'âme humaine.

Voilà le spectacle que présente le monde qui a renié JÉSUS-CHRIST. Voilà le résultat de l'insurrection contre JÉSUS-CHRIST.

DEUXIÈME PARTIE

Mais ici je rencontrerai peut-être un philosophe qui m'arrêtera et me demandera si je prétends nier la raison et le progrès. Il me demandera si je prétends refuser à la raison la puissance de démêler le vrai d'avec le faux parmi tous les systèmes que je viens d'énumérer. Il me demandera si je prétends nier les conquêtes futures que l'esprit humain peut faire dans l'empire de la vérité. Il me demandera si je conteste le développement progressif de la science humaine.

Déçu dans le présent, honteux du présent, ce philosophe se tournera alors vers l'avenir. C'est dans l'avenir, nous dira-t-il, que l'esprit humain, par son progrès naturel et nécessaire, trouvera la vraie solution de tous les grands problèmes qui tourmentent la pensée et la conscience; c'est dans l'avenir que la paix et l'unité se feront dans les régions intellectuelles et morales; et alors apparaîtra au monde ravi la religion nouvelle, la religion philosophique, constituée dans son dogme, dans sa morale et dans son culte.

Eh bien! arrachons à l'illusion ou à l'orgueil ce dernier refuge, où ils voudraient se retrancher pour braver Jésus-Christ, repousser son amour et ses bienfaits.

Nous ne nions pas la raison; nous ne contestons pas sa puissance légitime; et si, de nos jours, il s'est produit parmi nous d'imprudentes ou étroites théories qui, pour exalter la foi, ont voulu rabaisser la raison; s'il y a, parmi nous, des écoles qui, par respect pour de grands noms, sem-

2*

blent vouloir se confiner dans les ornières du péripatétisme, et portent ainsi une grave atteinte à la noblesse de la raison, nous nous sommes séparé avec éclat de ces théories, de ces écoles, pour rester fidèle à ce que nous regardons comme la vraie tradition scientifique et la gloire des plus nobles écoles théologiques[1].

La raison est pour nous une participation aux vérités éternelles, universelles, immuables, nécessaires, qui sont contenues dans l'Intelligence divine et qu'elle nous communique. La raison est pour nous l'œil terrestre, l'œil humain qui reçoit quelques rayons du soleil intelligible, éternelle et infinie lumière de la vérité divine.

Nous rattachons donc la raison à Dieu; nous lui assignons une origine divine. Sa noblesse et sa grandeur sont incomparables[2].

Quand on ne considère que la nature de la raison, et qu'on fait abstraction des causes nombreuses et diverses d'erreur qui l'assaillent, sa puissance apparaît grande; et on ne peut, au moins, lui refuser, dans l'ordre religieux, le pouvoir d'arriver aux premières vérités et à leurs conséquences immédiates.

De la pure raison émane la philosophie naturelle, dont nous reconnaissons la légitimité, quand elle se tient dans ses bornes, et dont nous proclamons même la nécessité pour la bonne direction de la pensée, pour l'honneur des études humaines et pour l'organisation de la science religieuse et théologique elle-même[3].

1. Voir notre livre : *Dignité de la raison humaine et nécessité de la révélation divine;* notre *Lettre aux évêques de France,* et nos deux *Lettres à messieurs les professeurs de Louvain.*

2. Voir notre livre : *Dignité de la raison humaine et nécessité de la révélation divine.*

3. Voir *Dignité de la raison humaine et nécessité de la révélation divine.*

Partant de pareils principes, de quelle estime, de quel amour ne devons-nous pas environner la science humaine! Gloire à Dieu d'avoir allumé ce flambeau sur les pas de l'humanité pour la diriger, pour la conduire aux plus glorieuses conquêtes de la civilisation! Qu'elle s'avance dans sa noble carrière! Qu'elle découvre les secrets et lois de la nature, s'empare de ses puissances, s'élève jusqu'aux sphères les plus reculées de l'empyrée, pénètre les profondeurs de notre globe! Qu'elle interroge l'histoire et fasse revivre les générations éteintes! Qu'elle mette l'ordre dans la société humaine! Nous applaudirons de grand cœur à ses glorieux travaux et à ses progrès légitimes.

C'est ainsi que nous nions la raison, la science, le progrès! Non, nous ne nions pas ces choses, car ce serait en réalité nier notre nature, nier Dieu lui-même!

Quelle est donc notre négation, et sur quoi nous fondons-nous pour refuser à l'esprit humain, dans l'avenir comme dans le présent, le pouvoir de fonder la religion vraie, efficace, digne de Dieu, digne de l'homme?

Nous sommes arrivés au moment décisif de cette grave discussion.

Appuyés sur l'expérience universelle des siècles, appuyés sur l'expérience du passé et du présent, prenant un autre appui invincible sur la nature des choses et l'étude attentive des facultés humaines, nous nions que le grand nombre, l'immense généralité, la presque totalité des hommes ait le temps, la volonté, la capacité de s'appliquer aux études philosophiques, desquelles devrait cependant sortir la religion philosophique qu'on annonce et qu'on est tenu de donner au monde.

Faut-il prouver la proposition que je viens d'émettre?

n'est-elle pas évidente; n'est-elle pas l'évidence même? Qui peut ignorer les graves et immenses difficultés que présente la spéculation philosophique, ces ardues et redoutables questions sur la nature, l'origine et la fin des choses; sur la nature de Dieu; sur l'origine et la fin de l'homme; ces questions, qui se dressent devant vous comme le sphynx de la fable, prêtes à vous écraser de leur poids, si vous ne parvenez pas à le soulever. Qui peut contester que ces spéculations n'exigent beaucoup de capacité : et la capacité manque à la plupart des hommes! Mais la volonté leur fait défaut plus encore que la capacité. Qu'ils sont rares les hommes qui voudraient user leur esprit à la méditation de ces grands problèmes!

Eh bien! je leur accorde la capacité et la volonté : ils n'auront pas le temps nécessaire à ces études. *Nihil tam deest hominibus quam tempus,* disait un ancien. Il faut travailler pour vivre ou pour s'enrichir; voilà l'emploi du temps de la généralité des hommes.

C'est donc au petit nombre, au très-petit nombre, à un nombre imperceptible en comparaison de l'immense multitude, qu'il faut confier le soin d'inventer la religion nouvelle.

Oui, il y a quelques hommes de loisir; quelques hommes qui ont la capacité, le goût, la volonté des études métaphysiques, philosophiques, religieuses. A eux donc de fonder la religion définitive de l'humanité, la religion vraie, efficace, publique, universelle. Examinons, avec toute l'attention que mérite cette matière, s'ils seraient au niveau de leur tâche.

Et d'abord ces savants, ces philosophes qui assumeront la mission redoutable de fonder la religion nouvelle, seront des hommes. Soumis à la condition humaine, ils subiront l'influence des causes d'erreur qui nous assiégent incessamment. Les préjugés d'éducation, d'école, de parti; la fatigue, l'inattention d'une pensée qui s'épuise dans ses recherches, et devient incapable de saisir les aspects si multiples et si divers des choses; l'entêtement d'un système personnel, d'une découverte personnelle auxquels s'attache l'ambition orgueilleuse de l'esprit : que de causes d'erreurs!

Plus heureux que leurs devanciers, nos nouveaux philosophes échapperont-ils à tous ces dangers? Quel est le philosophe, en dehors de la foi chrétienne, qui ne soit tombé dans quelque erreur, et dans quelque erreur grave? Pour ne citer que nos contemporains, nos nouveaux philosophes seront-ils plus logiciens que Kant, plus pénétrants que Schelling, plus hardis que Hegel? Comme leurs prédécesseurs, ils ne verront *le tout de rien*[1], et les résultats de leurs spéculations seront partiels, exclusifs, erronés.

Et comment nos savants procéderont-ils dans leurs essais de religion philosophique? Nul n'imaginera sans doute qu'ils accepteront l'autorité d'un maître. Chacun sera maître et voudra rester maître. Tous ces maîtres donc devront se réunir et procéder par délibération commune.

Mais quel sera l'objet des délibérations de l'auguste assemblée? Il ne pourra être sans doute que les systèmes connus de la philosophie antichrétienne que nous avons passés en revue, le matérialisme, l'athéisme, le panthéisme, le déisme, le scepticisme.

Pour l'honneur de ces grandes assises de l'humanité et

1. Montaigne.

de l'esprit humain, j'admets volontiers que le choix de la majorité des maîtres ne portera ni sur le scepticisme, ni sur le matérialisme, ni sur l'athéisme, ni même sur le panthéisme. Le déisme pur, ou le déisme paré du langage chrétien, réunira la majorité des votes. Je n'ai qu'une objection à faire à ce déisme, mais elle est décisive. Nos nouveaux déistes ou théistes seront-ils plus sages que Socrate, plus sublimes que Platon, plus forts qu'Aristote, plus zélés que Plotin, plus nobles que Marc-Aurèle, plus purs qu'Épictète? Socrate et Platon, Aristote et Plotin, Épictète et Marc-Aurèle ont-ils pu fonder une religion philosophique? A quelle réunion d'hommes ont-ils donné une loi dogmatique, une loi morale, un culte? Il serait insensé d'invoquer ici les exemples de Bouddha et de Mahomet, car nous sommes à la recherche d'une religion philosophique, seule possible, selon nos docteurs, après le christianisme.

La majorité de l'assemblée qui traitera des destinées religieuses de l'humanité se prononcera donc pour le déisme, c'est-à-dire pour un système dont tout démontre l'insuffisance, l'impuissance, la stérilité. L'œuvre de l'assemblée sera manquée.

Et que deviendra la minorité qui pourra tenir, soit pour le matérialisme, soit pour l'athéisme, soit pour le panthéisme, soit pour le scepticisme? Comment la réduira-t-on? Par la force? Elle n'est pas de mise ici. Par la persuasion? Elle ne peut rien sur des maîtres aussi savants, aussi convaincus. Et la minorité de la veille ne pourra-t-elle pas devenir la majorité du lendemain? Et alors toutes les destinées religieuses de l'humanité ne seront-elles pas de nouveau mises en question? Ne dépendront-elles pas d'un vote mobile et changeant?

Quel abîme d'anarchie, d'impuissance, de folie, de misère et de honte ne s'ouvre-t-il pas devant nous !

Donc nous sommes autorisés à conclure que l'imperceptible minorité, à qui serait forcément dévolue la mission de créer la religion nouvelle, la religion philosophique, ne posséderait jamais ni la vérité, ni l'unité, ni l'autorité morale, qui sont cependant les conditions essentielles et uniques d'une pareille création. Sans vérité, sans unité, sans l'autorité que donnent la vérité et l'unité, pas de dogme public, pas de morale publique, pas de culte public, pas de religion sociale, pas de religion sainte, efficace, digne de Dieu, digne des hommes. Et les grandes masses, l'immense multitude, la presque totalité des hommes, incapable de philosopher, et qui cependant ne doit et ne peut se rendre qu'à l'autorité fondée sur la vérité et l'unité, la presque totalité des hommes serait condamnée à vivre sans religion[1] !

Donc l'antichristianisme, dans l'avenir, sera, comme il l'est dans le présent, impuissant à fonder une religion rationnelle, pure, parfaite, capable d'unir les hommes entre eux, d'unir les hommes avec Dieu ; capable de purifier, d'anoblir, d'élever, de perfectionner l'âme humaine ; capable de faire régner dans la société humaine la justice, la paix, la liberté ; capable de consoler la vie et la mort de l'homme ; capable enfin de conduire l'humanité à la réalisation parfaite de ses fins.

Que nous l'envisagions dans l'avenir ou dans le présent, l'antichristianisme nous apparaît donc toujours avec son vrai, son indélébile caractère, son caractère de négation,

1. Pour toute cette démonstration, voir notre livre : *Dignité de la raison humaine et nécessité de la révélation divine*, depuis la XVIIe leçon jusqu'à la XXIVe.

de destruction et de ruine. Puissance fatale qui, par une critique dissolvante, toujours possible, soit à cause des bornes de l'esprit humain, soit à cause de la difficulté des choses, *sunt lacryma rerum*[1], ébranlant les vérités les plus certaines, les croyances les plus nécessaires et les plus bienfaisantes, porte dans l'âme humaine les ténèbres et les désolations du doute ou de l'erreur!

Puissance fatale qui, en affaiblissant ou en éteignant les nobles aspirations de notre nature, en soufflant partout la soif des jouissances matérielles, abaisse les caractères et ravale les âmes!

Puissance fatale qui, en sapant avec les fondements de la religion ceux de l'ordre moral et social, prépare aux gouvernements la tâche la plus rude qu'ils aient eu jamais à accomplir, et aux sociétés humaines les plus redoutables épreuves!

Avons-nous été injuste envers l'antichristianisme en l'accusant d'être l'ennemi du genre humain et le fléau de la terre?

1. Virgile.

TROISIÈME PARTIE.

Et maintenant, mes frères, détournons nos regards de cet antichristianisme; détournons nos regards de cette impuissance, de ce chaos, de cet abîme de troubles et de désordres, et portons-les sur la religion et l'Église de notre Seigneur Jésus-Christ.

Et d'abord, de l'ensemble des faits et des considérations que je viens de vous présenter, il résulte une bien grave conséquence. S'il est démontré que la création, et par conséquent la conservation de la vraie religion, est au-dessus des forces naturelles de l'homme; ne résulte-t-il pas de cette impuissance et de ce besoin de vraie religion la convenance, l'utilité immense, la nécessité morale d'un secours divin, d'une intervention divine, de la révélation? Dieu sans doute est souverainement libre dans ses dons; il ne doit pas la perfection à sa créature. Mais s'il lui imprime le goût et le besoin de cette perfection; s'il veut qu'il y ait sur la terre une religion digne de lui et vraiment utile à l'homme, n'hésitons pas à dire qu'il est conforme à sa sagesse et à sa bonté infinies, de la révéler au monde, par des dispositions particulières de sa Providence.

L'étude attentive des besoins de notre nature et de ses plus nobles aspirations nous conduit donc à l'utilité, à la convenance, à la nécessité morale de cet ordre surnaturel, contre lequel l'antichristianisme et le naturalisme de nos jours protestent avec tant d'aveuglement et de persistance. Courbés sous leur impuissance, tout meurtris, tout brisés par les efforts mêmes qu'ils font pour s'affranchir de cette dure loi qui pèse sur notre nature laissée à elle-même, les insensés repoussent l'enseignement divin qui peut redresser, conserver, étendre la raison; ils repoussent la force qui peut épurer, ennoblir, féconder la volonté. Ils renoncent ainsi à la perfection même de leurs facultés naturelles, et se constituent dans l'impossibilité d'arriver à la perfection de leurs fins naturelles.

Mais ces aveugles se privent volontairement de biens infiniment plus excellents que la perfection des dons naturels. La révélation, en effet, n'a pas pour but seulement de restaurer et de perfectionner notre nature. Elle l'élève au-dessus d'elle-même; elle l'a fait entrer dans un ordre de vérités divines, de communications divines, de participations divines, au-dessus de toutes les forces et de tous les mérites. L'homme est transformé, transfiguré par la grâce divine, et, par un effet de l'infinie bonté de Dieu, entre dans la plus étroite union avec la Divinité; union qui devient pour lui la source d'une dignité incomparable et d'une félicité sans bornes[1].

Cette dispensation surnaturelle doit se produire avec de grands caractères qui manifestent l'action de Dieu, avec des signes palpables de sa présence. De là l'empreinte divine sur tous les éléments constitutifs de la religion révélée; de là la prophétie; de là le miracle. Et toutes ces choses se démontrent à l'aide d'une saine philosophie, à l'aide de la critique et de l'histoire; et la vérité de la religion révélée vient s'appuyer sur toutes les bases de la certitude morale.

1. Voir notre livre : *Dignité de la raison humaine et nécessité de la révélation divine,* XXIIIe leçon, et notre *Lettre aux évêques de France.*

Voilà, en quelques mots, mes frères, l'économie de cette révélation surnaturelle qui se montre à nous comme la restauration, le perfectionnement, la transformation et la glorification divine de notre nature. Admirable harmonie de l'ordre naturel et de l'ordre surnaturel, qui les unit dans la même pensée, dans le même amour infini de Dieu, pour le plus grand bien de l'homme! Plaignons l'antichristianisme d'avoir perdu le sens des choses divines.

Quand je parle, mes chers frères, de la nécessité d'un enseignement divin et d'un secours divin; quand je parle de la nécessité d'un maître divin, d'un sauveur divin; quand je vous rappelle les plus grands bienfaits de Dieu et les dons gratuits de son infinie libéralité; quand je vous présente cette admirable économie par laquelle Dieu a relevé, purifié, perfectionné, transfiguré notre nature, vos cœurs ont prévenu mes paroles, et ils ont nommé JÉSUS-CHRIST. Oui, JÉSUS-CHRIST est la fin de toutes les révélations, *finis legis Christus*[1]. Il est le centre de tout l'ordre surnaturel, *instaurare omnia in Christo*[2]. C'est de lui que tout part; c'est à lui que tout aboutit : *Principium et finis*[3]. JÉSUS-CHRIST est le plus grand don de Dieu au monde : *Sic Deus dilexit mundum ut filium suum unigenitum daret*[4]. Jésus-Christ est le chef-d'œuvre de la puissance et de la sagesse de Dieu : *Christum Dei virtutem; Dei sapientiam*[5].

Jetons un coup d'œil rapide sur la religion et l'Église de JÉSUS-CHRIST.

Bien différente des œuvres à courte durée de l'homme,

1. Rom., x, 4.
2. Ephes., I, 10.
3. Apoc., XXII, 13.
4. Joan., III, 16.
5. 1 Cor., I, 24.

bien différente des œuvres de l'homme, locales, exclusives, bornées, la religion de Jésus-Christ embrasse un dessein où tous les temps, où tous les lieux, où tous les hommes sont compris. Commençant avec l'homme, faite pour tous les hommes, elle nous présente dans l'évolution des siècles une suite toujours constante de doctrines invariables, et des institutions toujours en harmonie avec les besoins variables de l'humanité. Toujours la même notion de Dieu, toujours la même loi morale plus ou moins développées; toujours, sous des figures ou dans sa vérité, le même Christ, espérance et salut de l'humanité.

Cette antiquité, cette suite, cette unité, cette universalité de la religion chrétienne, tant célébrées par Bossuet, font briller au dehors sa nature divine, et forment comme le sceau extérieur de sa divinité.

Et, chose remarquable, semblable au Dieu qu'elle adore qui est présent partout, la religion chrétienne se trouve, en quelque sorte, tout entière sur tous les points du temps et de l'espace où se dresse une chaire, où s'élève un autel, où le ministère ecclésiastique pose son siége.

Oui, la religion de Jésus-Christ est tout entière dans ce temple auguste et vénérable que tant de siècles lui ont consacré et que nous venons de lui dédier solennellement.

Voici la chaire où la parole de Dieu est enseignée, où le dogme qu'elle renferme est proposé aux fidèles. Trouverez-vous ailleurs une doctrine qui donne de Dieu des idées plus élevées, plus profondes, plus complètes? Y a-t-il une école où l'âme humaine soit mieux connue dans sa vraie nature et dans sa destinée? Tout ce que la raison humaine a pu découvrir de vrai, tous les meilleurs enseignements de la philosophie humaine se retrouvent ici encore plus parfaits, mis à la portée de tous les esprits, sans que ces grandes vérités aient rien à perdre de leur sublimité.

Il est vrai que la doctrine chrétienne ajoute aux lumières naturelles de la raison des vérités nouvelles et d'un autre ordre. Mais ces vérités qui sont proprement les mystères chrétiens, quoiqu'elles nous soient présentées principalement comme objet de foi, accroissent cependant notre connaissance de Dieu, notre connaissance de nous-mêmes.

Le dogme de la Trinité nous permet d'entrevoir la fécondité interne, les richesses infinies de la vie divine ; et ceux qui ne veulent voir dans cet auguste mystère que des notions contradictoires, doivent expliquer comment il se fait qu'il ait épuisé l'admiration de génies aussi exacts et aussi profonds que les Athanase, les Augustin, les Anselme de Cantorbéry, les Thomas d'Aquin, les Bossuet, et qu'il ait obtenu la foi profonde, l'adoration de philosophes comme Descartes, Pascal et Leibnitz.

Le dogme du péché originel nous découvre la source empoisonnée des désordres de notre nature, tandis que celui de l'Incarnation et de la Rédemption nous manifeste l'amour infini de Dieu pour l'homme, sous les traits les plus ravissants et les plus propres à toucher, à transformer, à enflammer le cœur de l'homme. La doctrine du péché originel ne peut présenter de difficultés sérieuses qu'à ceux qui en exagèrent la portée, comme l'union des deux natures en Jésus-Christ n'en offre qu'à ceux qui les confondent entre elles.

Quelques paroles de Jésus-Christ et de ses disciples nous donnent de la vie future les seules idées dignes que nous puissions nous en former, et auxquelles la philosophie humaine n'a jamais pu atteindre. La vie éternelle consiste à connaître Dieu, à le voir tel qu'il est, à lui devenir semblable[1]. Quelle vérité et quelle profondeur!

La morale chrétienne est à la hauteur de son dogme. Tout a été dit sur elle. JÉSUS-CHRIST lui-même l'a réduite à l'amour de Dieu et du prochain[2]; à l'amour de Dieu porté jusqu'au mépris de soi-même et du monde : car quelle chose peut entrer en comparaison du souverain Bien? à l'amour du prochain porté, d'après l'exemple de JÉSUS-CHRIST, jusqu'au sacrifice de soi-même à ses frères[3]. Qui ne voit que tout ordre, toute justice, toute dignité, toute paix sociale, et enfin toutes les consolations de la vie humaine sont renfermés dans ce double précepte?

De cette chaire, j'aperçois l'autel, centre du culte chrétien. Le culte chrétien, qui consiste dans ces institutions de JÉSUS-CHRIST que nous appelons les *sacrements,* n'est que le souvenir de JÉSUS-CHRIST, la présence de JÉSUS-CHRIST, l'union avec JÉSUS-CHRIST.

Tous les sacrements sont pleins du souvenir de JÉSUS-CHRIST; tous nous rappellent sa vie, sa mort, ses exemples, ses préceptes, ses bienfaits. Et quel souvenir peut être plus utile aux hommes et au monde que le souvenir de JÉSUS-CHRIST?

Mais ces divines institutions ne sont pas des souvenirs vides; elles sont vivantes; elles sont pleines de la vie, de la grâce, de l'esprit, de la substance même de JÉSUS-CHRIST. Il est toujours au milieu de nous; il est vivant parmi nous. C'est lui qui nous pardonne, qui nous relève, qui nous éclaire, qui nous fortifie, qui nous anime de ses sentiments, qui nous nourrit de sa propre substance. C'est

1. Joan., XVII, 3; I Joan., III, 2.
2. Matth., XXII, 40.
3. I Joan., III, 16.

avec lui que nous prions, que nous adorons, que nous aimons, que nous agissons. C'est aussi lui qui nous console et qui répand dans nos cœurs une paix, une assurance, une espérance immortelles.

Ainsi s'opère et se consomme notre union avec JÉSUS-CHRIST ; il vit en nous, nous vivons en lui. « Ce n'est pas moi qui vis, c'est JÉSUS-CHRIST qui vit en moi! » *Vivo jam non ego, vivit vero in me Christus*[1].

Paroles sublimes qui résument tout le christianisme, toute la perfection chrétienne; paroles sublimes qui sont l'expression de la transformation de l'âme humaine, et le signe de sa participation à la plus haute vie intellectuelle, morale et religieuse; paroles sublimes qui seraient l'expression de la plus haute perfection sociale, si la société comme l'individu pouvait dire : *C'est* JÉSUS-CHRIST *qui vit en moi!*

JÉSUS-CHRIST voulant fonder une société religieuse, la vraie et parfaite religion, ne nous a pas donné seulement un dogme, une morale, un culte; un dogme qui renferme toute vérité, une morale source de tout bien, un culte symbole et moyen de la plus haute perfection. Il a dû mettre à la tête de cette société religieuse un ministère, un pouvoir spirituel pour continuer son œuvre et conduire à ses fins la société de ses fidèles.

Comme il est présent dans les institutions du culte, et que cette présence donne à ces institutions leur vie, leur efficacité; de même il doit être présent dans le ministère, dans le pouvoir qui le représente et le continue. « Allez, enseignez, baptisez; je suis avec vous jusqu'à la consommation des siècles[2]... Qui vous écoute, m'écoute[3]. »

1. Galat., II, 20.
2. Matth., XXVIII, 19.
3. Luc., X, 16.

L'autorité de ce ministère est donc l'autorité même de Jésus-Christ. En son nom et avec son assistance, il enseigne la parole évangélique, la conserve, la développe, condamne les erreurs qui lui sont opposées et maintient ainsi l'ordre, la cohésion, l'unité dans la société religieuse.

Nos frères séparés qui ont repoussé cette autorité comme un joug intolérable font aujourd'hui plus que jamais une solennelle et décisive expérience du vide que laisse dans le christianisme l'absence ou la négation de cette autorité conservatrice. Nos frères séparés ne savent plus aujourd'hui si la divinité de Jésus-Christ appartient à l'essence du christianisme; ils disputent entre eux sur l'essence du christianisme; toute la tradition chrétienne est dédaignée et remplacée par une spéculation sans règle et sans frein. Aussi un grand nombre passe-t-il au déisme, qu'il dissimule fort mal sous une phraséologie chrétienne. Et les vrais chrétiens, parmi ces frères séparés, nous offrent le douloureux spectacle d'hommes dignes de tout respect qui veulent conserver la vérité, en l'appuyant sur le principe de toutes les négations et de toutes les ruines.

Tant il est vrai que la Bible seule ne peut pas être une religion ! Tant il était digne de la sagesse de Jésus-Christ de constituer sa religion sur une base plus large et plus forte : sa parole vivante confiée à un ministère fondé et assisté par lui !

Cette autorité, dans sa constitution, nous présente le caractère de sagesse et de modération qui appartient à toutes les choses divines. A la tête de ce ministère, un pouvoir universel, centre de la communion ecclésiastique et fondement inébranlable de tout l'édifice spirituel. Autour de ce Siége de Pierre, qui revit dans ses successeurs, autour de cette primauté et de cette plénitude d'honneur et de juridiction, le corps des premiers pasteurs, successeurs des apôtres, et partageant avec le chef visible de l'Église, sans détriment de la subordination qui lui est due, les droits et l'exercice de la souveraineté spirituelle.

Au-dessous et aux côtés de ce corps des premiers pasteurs, les pasteurs secondaires, en rapport immédiat avec les fidèles, et qui portent jusqu'au dernier des hameaux, jusqu'aux plus humbles cabanes, la plus sublime doctrine que la terre ait jamais connue, les plus parfaites et les plus fécondes institutions religieuses qu'il soit donné à l'homme de concevoir.

Telle est la hiérarchie catholique dont la grande loi, à tous les degrés, est le respect, l'obéissance, l'amour, parce que, à ses yeux, tout émane de Jésus-Christ et tout retourne à lui.

Possédant tous les droits de l'autorité spirituelle, ce ministère, comme le ministère même de Jésus-Christ, est essentiellement une puissance de dévouement et de persuasion. Il est des crises dans l'histoire de l'esprit humain, et nous traversons la plus redoutable de toutes, où ce doux et pacifique caractère, où ce caractère désarmé, si profondément évangélique, doit briller sur le front de la hiérarchie sacrée, afin que la jalousie de la liberté humaine n'ait aucun reproche à lui adresser, et qu'elle soit ramenée convaincue et soumise aux pieds de Jésus-Christ.

Telle est, mes frères, dans son esquisse la plus rapide, la religion de Jésus-Christ, telle est votre religion.

Dans ses traits augustes; dans sa nécessité et sa parfaite correspondance aux besoins les plus élevés de notre nature; dans la vérité de ses dogmes; dans la sainteté de sa morale; dans l'efficacité de son culte; dans la sagesse de sa constitution hiérarchique; dans tous ses bienfaits qui remplissent l'âme humaine, la famille humaine, la société humaine; dans le monde moderne qu'elle a créé; mais surtout dans cette puissance infinie de lumière, de justice, d'ordre, de paix, de consolation qu'elle développerait, si nous étions tous pénétrés de sa foi et de son esprit; dans ce grand et magnifique ensemble, n'apercevez-vous pas, mes frères, le caractère éclatant et tout-puissant des choses divines? Nous est-il donné de concevoir une institution plus digne de Dieu, plus utile à l'homme? Gloire au Seigneur Jésus, *l'auteur et le consommateur de notre foi*[1]!

Je puis maintenant vous inviter, chers frères, à reporter votre pensée vers cet antichristianisme si contradictoire dans ses doctrines, si stérile dans ses institutions, si impuissant dans ses efforts, si fécond en négations, en troubles, en désordres, en ruines, en désolations. Comparez-le avec votre religion divine, avec la religion de Jésus-Christ; et bénissez Dieu de vous avoir donné la foi en son Fils, et de vous la conserver!

Sans doute, la religion présente des difficultés. Nos dogmes sont bien profonds; notre histoire a ses problèmes; bien distincte de la foi, notre science théologique a ses imperfections; l'autorité, dans plusieurs de ses dépositaires, a quelquefois ses excès; la dévotion n'est pas toujours éclairée et revêt plus d'une fois des formes qu'une sage et chrétienne raison ne peut pas avouer: il y a enfin le long chapitre des abus, et la critique est toujours facile.

Mais toutes ces difficultés, épreuve et mérite de la foi,

1. Heb., XII, 2.

s'évanouissent et disparaissent dans l'éclat qui part de l'Évangile, dans l'ensemble de la vérité chrétienne, qui forme comme l'auréole divine couronnant la tête adorable de notre divin Maître.

Et cependant, ce sont ces difficultés qui fournissent à l'antichristianisme son thème éternel et le texte éternel de ses accusations.

Il est, ce me semble, de mon devoir de saisir l'occasion, qui se présente ici naturellement, de caractériser brièvement, mais fidèlement, l'état le plus récent de sa polémique.

Le grand principe, aujourd'hui, de l'antichristianisme, c'est la négation de la possibilité et de l'existence de l'ordre surnaturel. Il n'y a pas, il ne peut pas y avoir, dit-il, d'ordre surnaturel. Aucun fait et dans la nature et dans l'histoire, et dans le monde et dans l'homme qui ne soit, selon lui, un résultat des lois naturelles qui régissent l'univers, des forces qui le meuvent. D'après ce principe, il n'y a aucun fait, dans quelque ordre que ce soit, qui ne puisse et ne doive être ramené à l'action de ces causes naturelles. Donc, tout ce que les religions appellent miracles, prophéties, inspirations, révélations, doit être réputé poésie, symbolisme ou illusion; et la science doit faire rentrer tout ce surnaturel dans le cours ordinaire des choses, et l'expliquer par des causes humaines et naturelles.

Ce principe fondamental de l'antichristianisme, qui consiste à nier la possibilité de l'ordre surnaturel, vous le reconnaîtrez sans peine, mes chers frères. Il n'est que la conséquence ou plutôt la traduction des systèmes généraux qui sont professés dans l'école antichrétienne. Il est évident que s'il n'y a que matière dans le monde; que si le monde existe par lui-même et de toute éternité avec toutes ses forces; que s'il n'y a qu'une seule substance dans le monde passant successivement dans tous les êtres de l'univers; en un mot, il est évident que s'il n'y a pas un Dieu souverainement parfait et libre créateur du monde, l'ordre surnaturel est impossible, puisque l'ordre surnaturel n'est autre chose que le résultat de l'intervention directe et immédiate de Dieu au sein des êtres et des forces qu'il a créés, et indépendamment de leur concours.

Aussi, pour nier la possibilité de l'ordre surnaturel, il faut se résigner à être matérialiste, athée ou panthéiste. Il faut se résigner aux erreurs, aux palpables contradictions de ces déplorables et funestes systèmes, et imposer silence à la raison et à la conscience.

Les déistes, qui conservent le grand dogme de la liberté infinie de Dieu, ne peuvent nier et ne nient pas, en effet, la possibilité de l'ordre surnaturel. Ceux, au contraire, qui, en niant ou en diminuant l'infinie liberté de Dieu, portent atteinte à la perfection du Souverain Être, sont bien près des panthéistes, s'ils ne se confondent avec eux.

La possibilité de l'ordre surnaturel est donc liée à la doctrine évidente, à la doctrine nécessaire, à la doctrine consolante de la liberté infinie, de la perfection infinie de Dieu. Cette possibilité tombe avec cette doctrine ou se maintient avec elle. C'est dire, en d'autres termes, qu'elle est liée à la notion du vrai Dieu. Là est sa gloire et sa force : ce sera son triomphe auprès de toutes les raisons attentives et honnêtes.

Rien donc n'est plus faible, plus facile à réfuter, à détruire que cette folle et impie négation de la possibilité de l'ordre surnaturel.

L'antichristianisme a senti qu'il ne suffisait pas, pour renverser l'ordre surnaturel, de s'appuyer sur le principe de sa fausse et détestable métaphysique, principe qu'on réfute en le niant, et qui est en opposition directe avec le sens commun de l'humanité.

Il a voulu, il a dû s'efforcer de prouver que, de fait, l'ordre surnaturel n'existe pas, et qu'il n'est qu'un produit de l'imagination ou de la fausse science.

Il est donc tenu de donner une explication toute naturelle, toute humaine du christianisme, de son origine, de son histoire, de ses bienfaits, de son caractère.

Les limites de cet entretien, mes chers frères, ne me permettent pas de suivre l'antichristianisme dans toutes ses explications naturelles du christianisme.

Je ne vous montrerai pas que les antichrétiens ne parviennent pas à expliquer ce besoin du surnaturel, ce besoin d'un secours, d'une assistance divine, d'une révélation divine, d'une grâce divine si profondément écrit dans la raison, dans la conscience, dans l'histoire de l'humanité.

Je ne vous démontrerai pas que les antichrétiens ne peuvent rendre compte de l'admirable harmonie qui existe entre le christianisme et les plus nobles besoins et les aspirations les plus élevées de notre nature. Ce rapport parfait ne peut être établi que par le créateur et le maître de notre nature, qui peut seul lui donner les satisfactions et les compléments qu'elle cherche en vain en elle-même.

Je ne vous démontrerai pas que les antichrétiens ne peuvent effacer ces augustes caractères qui se révèlent dans l'ensemble du christianisme, sa perpétuité, son unité, son invariabilité, son universalité ; caractères divins que l'homme ne peut jamais donner à ses œuvres. Ce qui est plus beau que l'homme. plus parfait que l'homme, ce qui dépasse l'homme de toute manière n'appartient pas à l'homme.

Je ne vous démontrerai pas enfin que les antichrétiens n'ont pas détruit les grandes prophéties et les grands faits miraculeux qui sont une des bases solides de la foi chrétienne.

Je m'arrête à Jésus-Christ, mes chers frères. C'est lui surtout, lui qui résume et concentre tout l'ordre surnaturel; c'est lui, sa personne, sa vie, sa mort, son caractère, que l'antichristianisme est tenu d'expliquer humainement. Il faudrait ici un volume, et je n'ai que quelques paroles à vous adresser. Puissé-je, au moins, être clair et concluant !

Cette explication humaine de Jésus-Christ vient d'être tentée, mes frères, et vous savez avec quel bruit et quel scandale. Oui, une science et un talent incontestables ont été employés, avec un calme apparent et une dignité affectée qui ne s'est pas toujours maintenue, à ramener aux proportions humaines toute l'histoire de Jésus-Christ.

La première question qui se présentait au nouvel Evhémère était celle de l'autorité des monuments sacrés qui nous font connaître la vie de Jésus-Christ. Il n'a fait ici que résumer les travaux considérables dont nos saints Évangiles ont été l'objet de la part d'une critique hostile ou indépendante.

Eh bien ! cette critique, non pas en ce qu'elle a eu de systématique, d'aventureux et de téméraire, mais dans ses meilleures parties, est arrivée, en définitive, à des résultats bien plus favorables que contraires à l'autorité historique de nos quatre Évangiles. En effet, cette critique reconnaît et avoue que nos quatre Évangiles sont *en partie* authentiques, c'est-à-dire sont en partie des temps et des auteurs auxquels la tradition chrétienne les rapporte.

Ces résultats, qui ne peuvent être admis par la vraie science, qui sait allier le respect et l'autorité des traditions certaines avec les données d'une sage critique; ces résultats, dont l'erreur sera démontrée par la vraie science; ces résultats, dis-je, suffisent pour dévoiler à tous les hommes qui croient en Dieu l'inanité de l'audacieuse entreprise de l'antichristianisme.

En effet, en se bornant aux seules parties des Évangiles que l'antichristianisme consent à reconnaître pour authentiques, il est, grâce à Dieu, possible de maintenir, dans toute sa gloire incommunicable, le caractère divin de notre Sauveur et Maître, et d'anéantir, sous la honte de sa tentative manquée, l'antichristianisme.

D'après l'Évangile et l'histoire, l'antichristianisme est forcé de reconnaître en Jésus-Christ le génie créateur de la vraie religion. Il est vrai qu'il réduit cette religion de *Jésus* au *minimum* de religion, même à une religion impossible, c'est-à-dire à une religion sans dogme, sans culte et sans prêtres. Et, dans cette entreprise, il se montre aussi éclairé, aussi sage que le philosophe qui voudrait les conséquences sans leur principe, ou le principe sans ses conséquences; aussi éclairé, aussi sage que le psychologue qui, dans l'état présent de nos facultés, oserait supprimer le corps et ses organes, et faire vivre l'âme toute seule. Si Jésus-Christ avait été un antichrétien comme le sont des hommes qui ne craignent pas aujourd'hui de se donner pour ses vrais et seuls disciples, il n'eût pas mérité la foi et l'adoration de l'humanité.

Malgré cette énorme erreur, l'antichristianisme contemporain, en reconnaissant en Jésus-Christ le génie créateur de la vraie religion, de la religion éternelle et absolue, lui attribue le génie le plus élevé, le plus grand, le plus noble et le plus pur qui ait jamais été départi à une intelligence humaine. Aussi ne craint-il pas d'affirmer que *Jésus* révèle au monde, soit dans ses préceptes, soit dans ses exemples, l'idéal de la perfection morale, et que l'âme humaine lui doit tout ce qu'elle a de meilleur.

Pure adoration de Père céleste; abandon filial entre ses mains; amour de Dieu, unique passion de l'âme sanctifiée; amour des hommes, enfants de Dieu; miséricorde infinie pour leurs faiblesses; compassion tendre pour leurs souffrances; culte ardent de la justice; toutes les vertus morales; toutes les vertus patientes, humbles et douces, et cependant capables de transformer la famille, la société, l'humanité entière : tels sont les traits de cette sublime perfection que l'antichristianisme reconnaît en Jésus-Christ; et certes cette perfection est encore bien au-dessus de l'idée qu'il s'en forme.

Mais enfin, à côté des pages des Evangiles où se manifeste cet admirable idéal, il y a des pages, non moins authentiques, d'après l'antichristianisme, où Jésus revêt un tout autre caractère.

Et, pour aller tout de suite au principal, au décisif, ce Jésus si humble, ce Jésus si pur adorateur de la divinité, s'attribue une incommensurable grandeur. Non-seulement il se dit le Messie des Juifs et le roi spirituel de l'humanité; mais il se donne pour la victime expiatrice des iniquités des hommes. Son corps sera livré pour eux; son sang sera répandu pour eux; et après avoir été leur sauveur, après avoir effacé leurs souillures morales, il deviendra leur juge redoutable, et il apparaîtra, armé des foudres de l'éternelle justice, sur les nuées étincelantes et vengeresses[1].

C'est peu de se donner pour le ministre des miséricordes et des justices du Très-Haut; ce Jésus s'attribue le rôle d'une Puissance créatrice. Il a la vie en lui-même; il la communique aux autres. Il remet les péchés de l'âme; il nourrira l'humanité de sa chair et de son sang; il sera éternellement présent au sacerdoce qui devra continuer son œuvre; au dernier jour, il ressuscitera tous les morts[2].

Mais toute cette grandeur ministérielle disparaît et s'efface devant la nature divine qu'il s'arroge. Il est le Fils de Dieu; le *Fils unique* de Dieu[3]; c'est-à-dire qu'il appartient réellement à la nature de son Père, à la nature divine, et qu'il se croit le droit de s'identifier avec elle. «Le Père et moi nous sommes un[4]» : paroles qui révèlent bien le sentiment profond qu'il avait de son égalité avec Dieu. Aussi, quand il annonce au monde la divine Trinité, il y prend le second rang[5].

Tel est l'ensemble du caractère de Jésus-Christ qui ressort avec évidence des parties de l'Évangile reconnues authentiques par nos antichrétiens, comme de tous les écrits apostoliques et de l'histoire primitive du christianisme.

Ici, mes frères, recueillons toute notre attention.

Si Jésus-Christ n'est pas ce qu'il dit être; s'il n'est pas le fils naturel de Dieu, appartenant à la nature de son Père, un avec son Père, égal, par sa nature, à son Père; si Jésus-Christ n'est pas le Verbe fait chair, le Dieu fait

1. Joan., IV, 26; XVIII, 37. Matth., XXVI, 26, 27, 28, 64 et *alibi*.
2. Joan., V, 26; X, 10, 28. Matth., IX, 2. Luc, XXII, 19, 20. Matth., XXVIII, 20. Joan., XI, 23, 25 et *alibi*.
3. Joan., III, 16.
4. Joan., X, 30.
5. Matth., XXVIII, 19.

homme; si JÉSUS-CHRIST ne conserve pas toute sa dignité divine et surnaturelle; son caractère offre un problème que l'antichristianisme ne résoudra jamais, et contre lequel viendra pitoyablement échouer la raison humaine.

Ce parfait adorateur du Père céleste sera un insensé qui, dans un rêve criminel et sacrilége, s'identifiera, se confondra avec son Père, avec la divinité elle-même. Cette pure pensée qui reproduit avec tant de fidélité l'infinie grandeur, comme l'infinie bonté divine, au fond, ne contiendra qu'un égoïsme délirant. Cette humilité sans bornes concevra le plus monstrueux orgueil qui puisse égarer l'esprit humain. L'obscur artisan de Nazareth s'attribuera la toute-puissance au ciel et sur la terre. Cette prodigieuse abnégation qui foule aux pieds tous les honneurs, toutes les richesses, tous les plaisirs, tous les biens de la terre, et qui court à la mort avec transport, couvrira l'ambition la plus effrénée qui ait jamais effrayé le monde. Enfin l'ami et le consolateur des hommes deviendra leur séducteur, et l'image de la beauté et de la perfection morale nous apparaîtra dans la dépravation la plus consommée.

Et ce qu'il y a de plus prodigieux peut-être, c'est que la régénération du monde, la création d'un monde nouveau, toutes les perfections, toutes les beautés de l'âme humaine; les meilleurs progrès accomplis dans la civilisation; la puissance indéfinie de perfectionnement déposée au sein des nations chrétiennes; toutes ces grandeurs religieuses, morales, sociales, devront être rattachées, comme à leur source, à ce monstrueux assemblage de qualités contraires et qui s'excluent; à ce type de sagesse et de folie, de raison et de fanatisme, de sincérité et de fourberie, de vérité et de mensonge, d'abnégation et d'égoïsme, de douceur et de violence, d'honnête et de scélératesse, de vertu et de crime, qu'on appelle *Jésus de Nazareth.*

C'est là où il faut en venir, quand on nie, avec l'antichristianisme, la nature surnaturelle et divine de notre Seigneur JÉSUS-CHRIST. Mais on ne peut en rester là. Ces négations et ces affirmations vont plus loin encore que JÉSUS-CHRIST. Elles ne peuvent se concilier avec le gouvernement d'une Providence sage et bonne, qui ne peut permettre que la plus sublime sagesse soit révélée au monde dans la folie la plus méprisable, et la plus haute perfection dans la dépravation la plus repoussante. Il faut donc nier la Providence; il faut nier Dieu lui-même. Il faut être athée; et, en descendant dans la nuit de l'athéisme, il faut dire un éternel adieu à la raison, à la sagesse, au bon sens, à la dignité humaine et au bonheur.

Je viens de vous présenter, en peu de mots, mais fidèlement et dans sa crue nudité, qu'on voudrait voiler vainement par des phrases trompeuses, la suprême explication de JÉSUS-CHRIST que l'antichristianisme propose au monde comme le chef-d'œuvre de sa science et de sa critique.

En entendant cette explication; en pénétrant son caractère, sa portée nécessaire; en envisageant ses suites inévitables, il ne reste à l'homme de sens et de cœur qu'à se voiler la face de honte et de douleur.

Celui qui ne sentirait pas toute sa raison, toute son âme, tout son cœur; toutes ses idées du vrai, du beau et du bien ; toute sa dignité d'homme protester contre une pareille explication, prononcerait lui-même sa propre condamnation.

L'antichristianisme est donc aussi impuissant dans ses attaques directes contre le christianisme, qu'il l'est, qu'il le sera à jamais à le remplacer, à préparer, ou à fonder une religion nouvelle. Le vrai christianisme, la religion et l'Église de Jésus-Christ seront toujours la lumière, le salut, la force et l'espérance de l'humanité.

Et cependant, mes frères, cet antichristianisme, puissance de décomposition et de mort; cet antichristianisme, si contradictoire dans ses doctrines, si funeste dans ses tendances; cet antichristianisme qui ne peut justifier ni ses négations, ni ses prétentions; cet antichristianisme exerce dans le monde une vaste influence.

Que de nombreux bataillons marchent sous son étendard ! Quelle place il s'est faite, il se fait tous les jours dans la science ! Écoutez ses mille voix dans la presse ! Quelle séduction de la jeunesse ! Et combien de raisons éclairées et de cœurs honnêtes sont fascinés et entraînés !

Seigneur Jésus, vous qui avez sauvé déjà une fois l'humanité sur le penchant de sa ruine, vous seul pouvez encore la sauver !

Sans vous, Seigneur Jésus, sans votre parole, sans vos institutions, sans votre présence, sans votre foi, sans votre amour, nous ne pouvons rien, non-seulement dans l'ordre de nos destinées surnaturelles, mais même pour la perfection naturelle de la vie et de la société humaine.

L'homme, sans vous, est un être incomplet ou dégradé ; et l'humanité séparée de vous nous présente l'aspect d'un édifice inachevé ou ruineux.

Vous l'avez dit, Seigneur Jésus : « Sans moi, vous ne

pouvez rien. » *Sine me, nihil potestis facere*[1]. Oui, vous êtes *la voie, la vérité, la vie*[2] *!* Vous donnez la vie éternelle, vous la donnez avec abondance, et nous ne pouvons la trouver qu'en vous[3] !

Restez avec nous, Seigneur Jésus, parce que le jour semble décliner et la nuit se faire : *Mane nobiscum, Domine, quia advesperascit et inclinata est jam dies*[4].

Restez avec la terre, afin qu'elle ne devienne pas le siége du mal, et qu'elle ne soit pas dévorée par lui.

Restez avec la société humaine. Elle ne peut arriver aux destinées que vous lui avez préparées, qu'en obéissant à votre Évangile et en suivant l'étendard de votre croix.

Restez avec cette capitale de l'intelligence et de la civilisation. Elle le mérite par le nombre de vos vrais adorateurs qu'elle renferme, et par l'inépuisable charité dont elle ne cesse de donner des preuves. Dirigez ses sciences vers l'astre de l'éternelle vérité ; élevez et ennoblissez encore ses arts. Que sa beauté morale égale ses splendeurs matérielles. Qu'elle donne au monde le grand spectacle de la plus haute culture intellectuelle, unie à la foi la plus éclairée, et au respect de toutes les grandeurs de l'âme humaine, de toutes les grandeurs chrétiennes.

Restez avec notre patrie, avec notre chère France. Que la France, dirigée par la haute intelligence, par l'intelligence chrétienne qui préside à ses destinées, soit fidèle à son histoire, et qu'elle accomplisse la glorieuse mission qui lui est providentiellement départie : le rapprochement,

1. Joan., XV, 5.
2. Joan., XIV, 6.
3. Joan., X, 10, 28.
4. Luc., XXIV, 29.

la conciliation des forces qui sont trop souvent séparées pour le malheur du monde, la foi et la science, la religion et la liberté.

Seigneur Jésus, faites sentir particulièrement votre présence au clergé qui vous est consacré, et à qui vous avez confié votre divine religion. Dévoilez clairement au Pontife souverain qui est à la tête de votre Église ; aux évêques qui en partagent avec lui, et sous son autorité, le gouvernement ; aux prêtres qui les assistent ; dévoilez-leur ce qu'il faut faire aujourd'hui pour vaincre, dans l'antichristianisme, l'ennemi de Dieu et des hommes, pour sauver une seconde fois l'humanité d'elle-même.

Que la science théologique, s'avançant dans les voies d'un progrès régulier, corresponde à tous les besoins des esprits !

Que l'autorité spirituelle conserve, dans tous ses dépositaires, ce caractère de modération qui est toujours sa gloire et sa force, et qui seul, aujourd'hui, peut la faire accepter par ceux qui la rejettent !

Que l'intelligence des temps difficiles où Dieu nous fait vivre ; que l'esprit d'abnégation, de douceur, de paix, de conciliation, de parfaite justice, uni à cette force chrétienne qui sait résister au mal, combattre et condamner l'erreur, soient le partage de tous les membres de cette hiérarchie sainte dont l'unique mission dans le monde est d'y conserver et d'y étendre le règne du Seigneur Jésus !

Et vous, mes chers frères, qui êtes ses fidèles disciples, faites-le régner de plus en plus dans vos esprits et dans vos cœurs. Il est le véritable ami de vos âmes. En lui, vous trouverez l'abondance de la vie et des joies intérieures ; en lui, vous trouverez la force et l'espérance.

Traversez tous les scandales, sans vous laisser abattre ni ébranler. Attendez avec confiance le jour du Seigneur.

Priez souvent pour tous ces démolisseurs aveugles qui s'attaquent à la pierre angulaire qui porte tout l'édifice du monde moral, toutes les destinées de l'âme humaine.

Et tous, en finissant, répétons la prière de notre Maître pour ses premiers bourreaux : « Père, pardonnez-leur; ils ne savent ce qu'ils font. » *Pater, dimitte illis; non enim sciunt quid faciunt*[1].

1. Luc., XXIII, 24.

Paris, Imprimerie de JULES DELALAIN, rue de la Sorbonne, 1.

www.ingramcontent.com/pod-product-compliance
Ingram Content Group UK Ltd.
Pitfield, Milton Keynes, MK11 3LW, UK
UKHW020442230726
13925UKWH00004B/1778

9 782014 452730